MÉMOIRE

SUR LES PROPRIÉTÉS PHYSIQUES

ET LA COMPOSITION CHIMIQUE

DES EAUX MINÉRALES

DE SAINT-NECTAIRE

(PUY-DE-DÔME).

OUVRAGES DU MÊME AUTEUR.

TRAITÉ DE CHIMIE HYDROLOGIQUE, comprenant des notions générales d'hydrologie, l'analyse chimique qualitative et quantitative des eaux douces et des eaux minérales, un Appendice concernant la préparation, la purification et l'essai des réactifs, et précédé d'un Essai historique et de considérations sur l'analyse des eaux. 1 vol. in-8, XL-622 pages. Paris, Victor Masson. Prix : 8 fr.

DICTIONNAIRE GÉNÉRAL DES EAUX MINÉRALES et d'Hydrologie médicale, comprenant : la géographie et les stations thermales, la pathologie thérapeutique, la chimie analytique, l'histoire naturelle, l'aménagement des sources, l'administration thermale, etc.; par MM. DURAND-FARDEL, inspecteur des sources d'Hauterive, à Vichy ; E. LE BRET, inspecteur adjoint des eaux d'Uriage ; J. LEFORT, pharmacien, membres de la Société d'hydrologie médicale de Paris. Avec la collaboration de M. Jules FRANÇOIS, ingénieur en chef des mines, pour les applications de la science de l'ingénieur à l'hydrologie médicale.

Les livraisons 1, 2, 3 sont en vente, composant le tome Ier, grand in-8 de 650 pages. Prix : 9 fr.

Cet ouvrage se composera de 2 forts volumes in-8, publiés en livraisons à 3 fr. chacune. — Aussitôt l'ouvrage complet, le prix en sera porté à 20 fr.

Paris. — Imprimerie de L. MARTINET, rue Mignon, 2.

MÉMOIRE

SUR LES PROPRIÉTÉS PHYSIQUES

ET LA COMPOSITION CHIMIQUE

DES EAUX MINÉRALES

DE SAINT-NECTAIRE

(PUY-DE-DÔME),

PRÉSENTÉ A L'ACADÉMIE DE MÉDECINE DE PARIS
le 18 octobre 1859,

PAR

M. JULES LEFORT,
Pharmacien,
Membre de la Société d'hydrologie médicale de Paris, etc.

PARIS

J.-B. BAILLIÈRE ET FILS,

LIBRAIRES DE L'ACADÉMIE IMPÉRIALE DE MÉDECINE,

19, RUE HAUTEFEUILLE.

1859

MÉMOIRE

SUR LES

PROPRIÉTÉS PHYSIQUES ET LA COMPOSITION CHIMIQUE

DES

EAUX MINÉRALES

DE SAINT-NECTAIRE

(PUY-DE-DÔME).

Il y a quelques années, poursuivant, comme nous le faisons encore maintenant, nos études sur les eaux minérales les plus importantes du département du Puy-de-Dôme, nous résolûmes de soumettre à un nouvel examen chimique les eaux des principales sources de Saint-Nectaire. Pour mettre ce projet à exécution, nous nous rendîmes sur les lieux dans le courant de l'année 1858, afin de prendre une connaissance exacte de la position des sources et de faire aux griffons toutes les opérations que réclament les analyses de cette nature.

Notre travail était à peu près achevé, et nous n'avions

plus qu'à contrôler par une seconde analyse nos premiers résultats obtenus, lorsque M. le docteur Basset, dans une brochure intéressante, intitulée : *Une première année passée à Saint-Nectaire*, fit connaître, entre autres détails, la composition chimique des sources de cette localité, par M. Terreil.

L'habileté bien connue de M. Terreil, l'importance secondaire, il faut le dire, des eaux de Saint-Nectaire, étaient déjà faites pour nous empêcher de continuer nos expériences, lorsqu'en comparant les résultats obtenus par ce chimiste avec les nôtres, nous aperçûmes des différences que, dans l'intérêt de la station de Saint-Nectaire, il était de notre devoir de signaler à l'attention des hydrologues. Si encore ces divergences n'avaient trait qu'à la présence ou au dosage de quelques-uns des principes minéralisateurs, nous n'aurions pas eu à nous en occuper autrement; mais l'une d'elles porte précisément sur l'arsenic, substance que le savant Thenard, quelques années seulement avant sa mort, avait pris la peine de rechercher et de doser avec un soin tout particulier, et que M. Terreil passe complétement sous silence. Que l'action thérapeutique de l'arsenic dans les sources minérales soit encore un sujet de conteste parmi les praticiens, là n'est pas la question pour nous; ce que nous devons chercher à établir, c'est si les eaux minérales de Saint-Nectaire renferment ou non des traces ou une proportion pondérable d'un composé arsenical. Tel est le principal motif qui nous décide à publier l'ensemble de nos recherches sur les sources de cette localité.

PARTIE HISTORIQUE.

Saint-Nectaire est un village de quatorze à quinze cents habitants, situe dans le département du Puy-de-Dôme, dans l'arrondissement et à 28 kilomètres d'Issoire, à 24 kilomètres de la station du mont Dore et sur la route départementale d'Issoire au mont Dore. Il divise ou à peu près le pays de montagnes de la riche et belle Limagne d'Auvergne.

Tout rappelle dans cette localité les violents bouleversements que le sol a subis de la part des révolutions volcaniques. Ici c'est un cratère encore entr'ouvert avec ses débris de laves; là ce sont des montagnes granitiques, tantôt arides, tantôt boisées, qui surplombent de vertes et riches prairies arrosées incessamment par le ruisseau le Courançon.

A en juger par les restes d'anciennes constructions, de fragments de vases antiques trouvés dans des fouilles pratiquées vers la première moitié de ce siècle, Saint-Nectaire a été habité par les Romains, qui y possédaient un établissement thermal.

Les sources qu'on rencontre dans les deux parties du village, désignées sous les noms de Saint-Nectaire-le-Haut et de Saint-Nectaire-le-Bas, sont nombreuses et variées, sinon dans leur composition, du moins dans leur température : ainsi, à côté des sources thermales on voit surgir des sources tempérées et froides, paraissant provenir du même foyer; mais tandis que les sources froides s'épanchent seulement à l'état de filet, les sources tempérées, et surtout thermales, jaillissent avec une véritable profusion et alimentent plusieurs établissements construits sur une petite échelle, il est vrai. Leur point d'émergence se trouve à droite et à gauche du ruisseau le Courançon, à la base ou sur le versant des montagnes et des collines qui bordent ce cours d'eau, et elles coulent à travers les fissures des roches granitiques, qui ne tardent pas à se couvrir d'incrustations de carbonate de chaux plus ou moins coloré par de l'oxyde de fer et des matières organiques. Ce sont, en effet, des sources ou eaux *incrustantes* dans toute l'acception que l'on attache à ce mot.

Jusqu'au commencement de ce siècle, on ne connaissait à Saint-Nectaire qu'une seule source principale, située à Saint-Nectaire-le-Bas et à dix ou douze pas du ruisseau. Déjà, en 1738, Chomel avait essayé de découvrir la nature des principes qui minéralisent cette eau, mais les moyens analytiques dont la chimie disposait alors nè pouvaient lui fournir des renseignements même approximatifs. Quelques années après, Lemonnier se livra au même sujet d'étude, mais les résultats qu'il obtint ne furent guère plus décisifs que ceux de Chomel.

Vers l'année 1812, la source tendant tous les jours à diminuer de débit par suite de la formation de concrétions calcaires dans ses conduites naturelles, on entreprit quelques fouilles dans le voisinage de plusieurs petites sources situées à Saint-Nectaire-le-Haut, et l'on fit jaillir une nouvelle source thermale très abondante qui commença à être utilisée par quelques malades du pays. C'est là l'origine de l'établissement du mont Cornador. Une commission spéciale, composée de Bertrand père, Montlozier, Pénissat et Lavort, médecins et chimistes de Clermont-Ferrand, fut chargée de faire une analyse approximative de l'eau de cette source, et de donner son avis sur le parti que la thérapeutique pourrait en retirer. Le rapport favorable qui en résulta décida alors le gouvernement à nommer un médecin inspecteur à Saint-Nectaire. Ce premier résultat enhardit d'autres propriétaires; des fouilles nouvelles furent entreprises, et en 1820, on comptait six sources principales qui, à part leurs désignations, existent encore maintenant.

Voici le résumé des travaux les plus importants qui ont été exécutés, au point de vue chimique, sur les eaux de toutes ces sources.

En 1821, MM. Berthier et Boullay, sur les instances de Marcon, le premier médecin inspecteur de Saint-Nectaire, firent connaître chacun de leur côté une analyse, aussi complète que possible pour l'époque, de ces eaux minérales. Pour M. Berthier, elles sont remarquablement riches en sels alcalins, mais à un degré moindre cependant que les eaux de Vichy. D'une autre part, l'examen comparatif des sels obtenus par l'analyse a prouvé à ce chimiste que toutes les sources ont une origine commune et une constitution à peu près identique. M. Boullay, au contraire, croit que les sources de Saint-Nectaire sont les plus riches en carbonate de soude que l'on connaisse, et, à ce titre, il les considère comme plus actives que les eaux de Vichy et du mont Dore. M. Boullay attire aussi l'attention sur l'absence complète du fer dissous dans les eaux transportées, alors qu'à la source elles en accusent des proportions sensibles. Nous reviendrons sur ce sujet.

Quatre années plus tard, la découverte de deux nouvelles sources, désignées provisoirement sous les noms de *grande source* et de *seconde source*, a été l'objet d'un autre travail chimique de MM. Boullay, Henry père et fils, travail qui ajouta peu de chose aux faits précédemment acquis, si ce n'est que les carbonates alcalins et terreux sont, avec plus de raison, inscrits dans les analyses à l'état de bicarbonates. La grande source et la seconde source sont actuellement la propriété de M. Boette, et alimentent un établissement spécial.

M. Lecoq entreprit ensuite l'analyse de l'eau de la source du mont Cornador, et M. Nivet celle des deux sources Boette. Ce dernier auteur, auquel l'hydrologie de l'Auvergne est redevable d'un grand nombre de travaux justement appréciés, admet, contrairement à l'opinion de MM. Boullay et Henry, que toutes les sources de Saint-Nectaire contiennent du bicarbonate de chaux, sel qui leur donne la propriété d'être incrustantes.

Ici se place par date de publication l'intéressant mémoire de Thenard sur l'arsenic de quelques eaux minérales de l'Auvergne. Par un procédé que nous décrirons plus loin, Thenard a soutenu que les eaux minérales de Saint-Nectaire (sources mont Cornador, Boette et Mandon chaude) contenaient par litre de $0^{\text{milligr.}},57$ à $0^{\text{milligr.}},82$ d'arsenic métallique, représentant $1^{\text{milligr.}},346$ à $1^{\text{milligr.}},935$ d'arséniate de soude.

Enfin, en 1858, M. Terreil fit connaître, comme nous

l'avons déjà dit, le résultat analytique des six principales sources de Saint-Nectaire ; mais ce chimiste, n'ayant opéré qu'avec des eaux transportées, n'a pu indiquer la proportion exacte d'acide carbonique libre qu'elles contiennent à la source. D'une autre part, il n'y signale pas quelques principes propres au plus grand nombre des eaux minérales de l'Auvergne, tels que l'arsenic, la strontiane, l'iode, l'acide phosphorique, et que nous y avons retrouvés de la manière la plus évidente.

PARTIE CHIMIQUE.

Le travail que nous avons l'honneur de soumettre au jugement de l'Académie porte sur les cinq sources qui alimentent les trois établissements de Saint-Nectaire :

1° Grande source du mont Cornador ;

2° Source chaude et source tempérée, Boette ;

3° Source chaude et source froide, Mandon.

Quant aux sources Rouge et Pauline, examinées par plusieurs de nos devanciers, si elles ne sont pas comprises dans ce mémoire, c'est que la première, qui n'est nullement captée, ne nous a pas paru tout à fait à l'abri des infiltrations d'eaux douces, et que la seconde, si l'on en excepte la fabrication des incrustations, est à peu près sans emploi.

A la seule inspection auprès des griffons, on reconnaît déjà que toutes les eaux de Saint-Nectaire partent d'un centre commun, et que, si elles ont généralement des températures variables, cela tient au parcours souterrain qu'elles font pour arriver jusqu'à la surface du sol, partout, enfin, où les roches leur laissent une libre sortie. On remarque encore que les sources froides un peu abondantes sont un peu plus riches en fer que les sources thermales. A part ces quelques différences, faire connaître les propriétés physiques et chimiques de l'une de ces eaux, c'est décrire les propriétés de toutes les autres.

Les eaux, examinées à leur point d'émergence et auprès des sources qui débitent le plus, sont généralement limpides et incolores, et entraînent avec elles des quantités considérables de gaz carbonique mélangé d'air. Peu de temps après leur exposition à l'air ambiant, elles se troublent, et elles abandonnent, sous la forme de flocons rougeâtres, une certaine portion de leur fer. Si les eaux coulent sur le sol, elles déposent de l'hydrate de sesquioxyde de fer avec du carbonate de chaux, et plus loin des sédiments de carbonate calcaire d'un blanc grisâtre ou jaunâtre. Ce dernier, qui, avec le temps, finit par acquérir une épaisseur considérable et une grande dureté, cristallise comme l'aragonite, et constitue, lorsque les eaux filtrent lentement à travers les fissures des rochers, des stalactites du plus admirable effet : telles sont celles qu'on rencontre dans les grottes de-Saint-Nectaire-le-Haut.

Leur saveur est notablement acidule, puis alcaline et légèrement styptique, tous caractères d'autant plus prononcés que les sources sont plus froides.

Presque toutes les eaux répandent à leurs griffons une odeur sensible d'acide sulfhydrique et en même temps un peu bitumineuse. Ce caractère est encore plus appréciable avec le gaz qu'avec les eaux : ainsi une pièce de monnaie qu'on laisse séjourner dans l'eau ne s'y recouvre qu'après un certain temps d'une couche noire de sulfure; au contraire, en plaçant le metal à quelques centimètres au-dessus de la surface du liquide, la coloration est plus prompte. «J'ai vu, dit M. Vernière, un courant de gaz dégagé de la source principale du mont Cornador, et conduit, au moyen d'un tuyau de plomb, dans un trou en maçonnerie, y déposer, après un certain temps, des cristaux de soufre, qui y formèrent une belle géode. » Il est donc probable, d'après cela, que la petite proportion d'acide sulfhydrique formé aux dépens des sulfates, et dissous dans les eaux souterraines, se trouve incessamment déplacée par le grand excès d'acide carbonique, et entraînée au dehors par celui-ci.

Leur onctuosité est manifeste : ainsi, lorsqu'on se plonge dans un bain de l'une de ces sources, on ne tarde pas à y éprouver l'impression d'un liquide doux au toucher. M. Rotureau attribue ce phénomène à la combinaison des bases de l'eau minérale avec les sécrétions acides du corps, qui forment ainsi une sorte de savon. Cette explication nous paraît assez curieuse pour être signalée, quoique nous ne l'admettions pas. Si, en effet, l'onctuosité que l'on remarque dans certaines eaux était dépendante de la formation d'un savon spécial, on ne comprendrait pas pourquoi beaucoup de sources qui ont la plus grande analogie avec celles de Saint-Nectaire ne sont pas onctueuses au toucher, et enfin pourquoi ce caractère se présente aussi bien avec les eaux riches en principes minéraux qu'avec celles qui sont peu minéralisées, comme plusieurs sulfurées sodiques.

Leur température varie entre 18 et 40 degrés centigr. A cet égard, nous ferons observer que les auteurs qui ont écrit sur les eaux de cette station ne s'accordent pas toujours sur la température des principales sources, à ce point qu'on est tenté de croire qu'elles n'ont pas une température constante à toutes les époques de l'année. Il est plus présumable cependant que ces divergences proviennent plutôt du défaut de précision des instruments qui servent à cet usage, que du captage insuffisant des sources, du moins pour celles qui ont un débit considérable.

Toutes les sources de Saint-Nectaire rougissent le papier bleu de tournesol, mais avec une intensité qui varie selon la température des eaux; et déjà on peut reconnaître celles qui renferment le plus d'acide carbonique libre. Peu prononcée avec les eaux les plus chaudes, la coloration rouge devient de plus en plus manifeste à mesure qu'on réitère l'expérience avec les eaux tempérées, puis froides.

Tous les acides en dégagent abondamment de l'acide carbonique sans trace d'acide sulfhydrique, du moins appréciable à l'odorat.

Avec l'oxalate d'ammoniaque, elles accusent une proportion très notable de chaux.

Le nitrate acide d'argent précipite une grande quantité de chlorure de ce métal.

Le tannin les colore en violet prononcé.

Avec le chlorure d'or, la teinte violette qui se produit, quoique moins facilement appréciable, ne laisse aucun doute sur la présence d'un sel de protoxyde de fer.

Le cyanure jaune de potassium et de fer y est sans action. Avec le cyanure rouge, la réaction n'est sensible qu'après avoir abandonné le mélange à lui-même pendant plusieurs heures; il se dépose alors un très faible précipité de bleu de Prusse. Est-il nécessaire d'ajouter que la production du bleu de Prusse est d'autant plus apparente, que l'on opère avec les sources froides, comme celle de Mandon à Saint-Nectaire-le-Bas.

ANALYSE QUANTITATIVE.

Nous n'avons pas l'intention de décrire ici tous les procédés qui nous ont servi pour isoler chacun des principes élémentaires contenus à l'état de sels dans les eaux de Saint-Nectaire. Cependant, afin de permettre aux chimistes de contrôler nos résultats et de les discuter au besoin, nous fournirons quelques détails sur la manière de séparer et de doser plusieurs substances, les plus dignes d'intérêt, tant au point de vue de l'analyse chimique que des applications thérapeutiques.

Acide carbonique.

Pour doser l'acide carbonique libre et combiné des eaux minérales, le procédé le plus usuel, et que nous avons mis jusqu'alors en pratique, consiste à précipiter cet acide au moyen du chlorure de baryum ammoniacal. Le dépôt de carbonate de baryte est décomposé par l'acide chlorhydrique, et la liqueur est ensuite traitée par l'acide sulfurique; le poids du sulfate de baryte sert à apprécier la proportion de l'acide carbonique. Quelques observations critiques ayant été faites dans ces derniers temps sur ce mode opératoire, nous avons saisi cette occasion pour le contrôler, et nous avons vu qu'en effet, *toujours* le chlorure de baryum ammoniacal précipite un mélange de carbonate de baryte et de carbonate de chaux et de magnésie; il est évident alors que la proportion du gaz carbonique combiné avec ces deux dernières bases échappe à l'analyse.

Quoique la cause d'erreur que nous signalons ici n'entache pas d'une manière très grande les résultats obtenus par d'autres chimistes et même par nous, néanmoins nous avons dû l'éviter, surtout en présence de sources aussi riches en bicarbonates de chaux et de magnésie que celles de Saint-Nectaire. Voici comment nous avons tourné la difficulté.

500 centigrammes d'eau minérale puisée aux sources ont été versés dans un flacon contenant de l'ammoniaque et une suffisante quantité de chlorure de baryum. Le dépôt contenant tout l'acide carbonique combiné partie avec la baryte, partie avec la chaux et la magnésie, a été recueilli, lavé et introduit avec le filtre dans le ballon *A* de l'appareil que nous représentons ici. Par le tube à entonnoir *B* descendant jusqu'au fond du ballon, on verse goutte à goutte de l'acide chlorhydrique étendu de trois à quatre fois son volume d'eau, afin de décomposer peu à peu les carbonates.

Le gaz carbonique se rend par le tube recourbé *C* dans un tube en *U D*, contenant de l'ammoniaque concentrée et

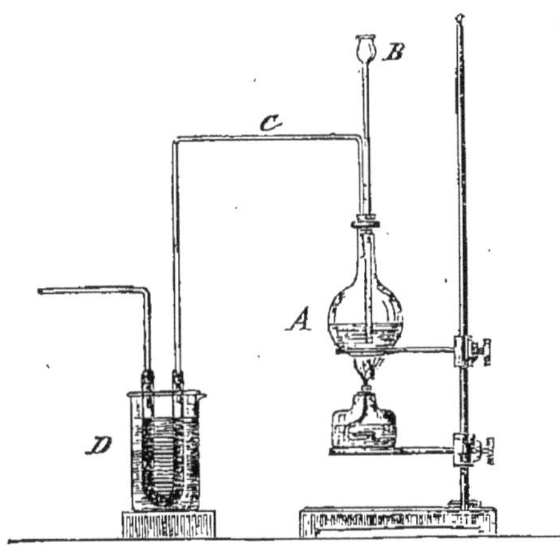

maintenu à une basse température au moyen d'un vase à précipité rempli d'eau froide. On chauffe le ballon avec une lampe à alcool pour dégager les dernières portions d'acide carbonique, après quoi on verse le contenu du tube en *U* dans un flacon à l'émeri. Le carbonate d'ammoniaque est additionné d'une solution étendue de chlorure de baryum (une partie de sel pour dix parties d'eau) qui précipite du carbonate de baryte. Ce sel, recueilli, lavé, séché, est placé dans un creuset de platine taré, arrosé d'acide sulfurique et enfin chauffé au rouge. Le poids du sulfate de baryte sert à calculer la proportion de l'acide carbonique. Ce nouveau procédé, qui devient tout à fait indispensable lorsqu'on veut connaître le poids de l'acide carbonique libre et combiné dans les eaux minérales riches en bicarbonates terreux, donne, comme nous l'avons vu, des résultats très satisfaisants.

Iode.

Aucun chimiste, jusqu'à ce jour, n'a signalé la présence de l'iode dans les sources de Saint-Nectaire, et cependant ce métalloïde y existe : car en faisant évaporer à une douce chaleur 2 litres d'eau minérale jusqu'à siccité, reprenant le résidu par l'alcool absolu et évaporant la solution alcoolique, nous avons obtenu, avec l'eau régale et l'amidon, de l'iodure d'amidon d'une teinte bleue prononcée.

Arsenic.

On sait que dans un grand nombre de sources minérales, on a conclu à l'existence de l'arsenic par l'analyse des dépôts spontanés qu'elles fournissent au contact de l'air.

Dès le début de nos expériences, nous avons traité par l'acide sulfurique quelques grammes des produits ocracés qui se trouvent dans les puits et les bassins de toutes les sources de Saint-Nectaire : la solution acide, séparée du précipité abondant de sulfate de chaux, etc., mise dans un appareil de Marsh, a constamment donné des taches d'arsenic. Ce résultat étant en opposition directe avec celui de M. Terreil, nous avons opéré avec l'eau minérale elle-même (un litre à la fois), et, contre notre attente, nous n'avons pu recueillir une seule tache arsenicale. Nous nous sommes trouvé alors dans ces deux alternatives : ou bien l'arsenic existe dans un litre d'eau en quantité trop minime pour y être décelé par l'appareil de Marsh, ou bien les proportions indiquées par Thenard sont trop élevées. Pour résoudre ce problème, nous avons eu recours à la synthèse suivante; et d'abord disons comment Thenard a dosé l'arsenic de l'eau des trois principales sources de Saint-Nectaire.

Dix litres d'eau minérale ont été réduits par évaporation à 12 centilitres; le résidu, traité à la manière ordinaire afin d'en séparer l'arsenic, a donné une solution qui a été placée dans un appareil de Marsh. Pour fixer l'arsenic, on a introduit dans un tube de verre vert qui doit être chauffé au rouge une spirale en fil fin de cuivre rouge qui a été pesé avant et après l'expérience à une petite balance sensible à moins d'un quart de milligramme. La différence dans les pesées représente l'arsenic dégagé de sa combinaison avec l'hydrogène. C'est en opérant ainsi que Thenard a pu indiquer les nombres suivants rapportés à un litre d'eau :

	Milligr.		
Source du mont Cornador. .	0,57	d'arsenic	métallique.
— Mandon chaude. . .	0,61	—	—
— Boette chaude . . .	0,82	—	—
Ou en moyenne	0,66	—	—

Nous avons donc pesé très exactement $0^{milligr},66$ d'arsenic, nous l'avons placé dans un petit appareil de Marsh, et nous avons obtenu sans peine des taches arsenicales: or, comme nous avons opéré avec un litre d'eau minérale, nous aurions donc dû produire un assez grand nombre de taches d'arsenic, mais, comme nous l'avons dit plus haut, nos résultats ont été toujours négatifs.

Ces recherches, répétées à plusieurs reprises différentes, d'abord parce qu'elles méritent de fixer l'attention des chimistes qui voudraient doser l'arsenic des eaux minérales, et ensuite parce qu'elles modifient sensiblement les résultats obtenus par un illustre savant dont tout le monde appréciait le rare talent d'analyste; ces recherches, disons-nous, nous amènent à conclure que toutes les sources de Saint-Nectaire contiennent de l'arsenic, mais en quantités moindres que celles indiquées par Thenard; enfin qu'un litre d'eau minérale est tout à fait insuffisant pour y reconnaître l'arsenic. Telle est la cause du désaccord existant entre M. Terreil, Thenard et nous; il est bien certain que si le premier de ces chimistes avait opéré, comme nous l'avons fait, et avec le dépôt spontané des sources, et avec l'eau minérale, il serait arrivé à des résultats identiques avec les nôtres.

Strontiane.

Il nous est déjà donné de voir, par nos précédentes analyses, que toutes les eaux minérales de l'Auvergne contiennent de la strontiane : les eaux de Saint-Nectaire ne sortent pas de cette généralité. En transformant en oxalate toute la chaux de ces sources, et ensuite le carbonate de cette base en nitrate, nous avons constamment obtenu, au moyen de l'alcool absolu, un dépôt appréciable de nitrate de strontiane, qui a été dosé à l'état de sulfate.

Malgré l'analogie qui existe entre la chaux et la strontiane, et malgré le grand excès d'acide carbonique, nous représentons dans nos analyses la chaux à l'état de bicarbonate et la strontiane à l'état de sulfate. C'est qu'il nous paraît difficile d'admettre que du bicarbonate de strontiane puisse se rencontrer avec des sulfates alcalins sans produire du sulfate de strontiane. La solubilité partielle de ce sel dans l'eau et la proportion toujours minime que l'analyse constate dans les sources tournent tout à l'avantage de cette hypothèse.

Ayant une grande quantité de dépôts spontanés à notre disposition, nous y avons recherché, mais en vain, le manganèse. L'oxyde de fer précipité des eaux elles-mêmes par l'ammoniaque était également privé d'oxyde de manganèse. Cette observation mérite d'être signalée, le manganèse ayant été trouvé le plus souvent associé au fer dans les eaux ferrugineuses bicarbonatées.

La recherche du brome a également donné des résultats négatifs, ainsi que celle de la lithine, de l'ammoniaque et de l'acide nitrique.

Voici maintenant la position et la constitution des eaux qui alimentent les trois établissements thermaux de Saint-Nectaire.

ÉTABLISSEMENT DU MONT CORNADOR.

L'établissement du mont Cornador est situé à Saint-Nectaire-le-Haut ; il est alimenté par deux sources ayant à deux ou trois degrés près la même température : l'une, la plus importante, est désignée sous le nom de *Source du bassin chaud*, et marque, d'après nos observations, 38°,4 ; l'autre, dite *Source intermittente du tuyau*, marquant 36 degrés, jaillit avec des intermittences qui varient de 15 à 20 secondes. Cette dernière n'étant, malgré sa température un peu moins élevée, qu'une des ramifications de la première, nous n'avons pas cru devoir la soumettre à l'analyse.

La source chaude du mont Cornador a son point d'émergence à la partie supérieure de l'établissement de ce nom. Elle est captée vers son orifice dans un réservoir de maçonnerie qui est recouvert intérieurement d'une couche assez abondante d'oxyde rouge de fer. Elle coule avec un débit estimé à 74 880 litres d'eau par vingt-quatre heures.

L'eau minérale se trouve comme en ébullition par suite des bulles nombreuses et volumineuses de gaz carbonique mélangé d'air qui se dégagent de la source. Cet état perpétuel d'agitation fait qu'elle contient en suspension des flocons d'hydrate de sesquioxyde de fer qui montrent le peu de fixité du bicarbonate de protoxyde de fer dissous. Ce dernier phénomène est en effet remarquable dans les eaux de Saint-Nectaire, et l'on peut en attribuer la cause à la grande quantité du bicarbonate de chaux, qui, très altérable de sa nature, sollicite par sa présence la décomposition du bicarbonate ferreux. Son analyse élémentaire nous a donné par litre :

Densité	1,0020
Oxygène et azote	indéterminés
	Gram.
Acide carbonique libre et combiné	2,9715
— sulfurique	0,0738
— chlorhydrique	1,3392
— iodhydrique	traces très sensibles
— silicique	0,1044
— arsénique	traces
— phosphorique	traces sensibles
Potasse	0,0334
Soude	1,9090
Chaux	0,2521
Magnésie	0,1370
Alumine	0,0171
Strontiane	0,0041
Oxyde de fer (FeO)	0,0055
Matière organique bitumineuse	traces très apparentes
	6,8471
Somme des principes fixes obtenus à 180°.	4gr,936

Ces substances élémentaires, converties par le calcul en combinaisons salines anhydres, représentent :

	Gram.
Acide carbonique libre	0,9464
Oxygène et azote	indéterminés
Chlorure de sodium	2,1464
Iodure de sodium	traces très sensibles
Bicarbonate de soude	2,0001
— de potasse	0,0646
— de chaux	0,6480
— de magnésie	0,4384
— de protoxyde de fer	0,0122
Sulfate de soude	0,1309
— de strontiane	0,0070
Arséniate de soude	traces
Phosphate de soude	traces très apparentes
Alumine	0,0171
Acide silicique	0,1044
Matière organique bitumineuse	traces très sensibles
	6,5155

ÉTABLISSEMENT BOETTE.

L'établissement Boette, situé à Saint-Nectaire-le-Bas, à gauche du ruisseau le Courançon, et à 1000 mètres environ du précédent, comprend trois sources ayant des températures différentes : une première, *thermale*, dite encore *petite source chaude*, marquant 40°,9 ; une seconde, *tempérée*, désignés aussi sous le nom de *grande source*, accusant 38°,2 ; et une troisième, *froide*, ou à peine tempérée, marquant 21 degrés. Les deux premières étant les seules utilisées, nous n'aurons pas à nous occuper de la source froide. Les sources chaude et tempérée ont leur point d'émergence à l'entresol de l'établissement des bains, qui se trouve adossé à une montagne granitique très élevée.

Le débit de la source chaude est évalué à 31 600 litres par vingt-quatre heures, et celui de la source tempérée à 42 000 litres dans le même espace de temps.

Au sortir de leurs griffons naturels, les eaux sont conduites par des canaux de quelques mètres dans d'immenses réservoirs, pour être de là distribuées aux baignoires. Pendant ce trajet et leur séjour dans les réservoirs, elles perdent une petite quantité de leur calorique : ainsi, la température de l'eau de la petite source, prise au rez-de-chaussée, et au robinet d'écoulement, nous a donné 38°,6 au lieu de 40°,3 qu'elle a à la source, et celle de la source tempérée est de 38 degrés au lieu de 38°,2. Le débit plus abondant de la seconde de ces sources peut rendre compte de son peu d'abaissement de température (0°,2), alors que la petite source a accusé une différence de 3°,3. Mais ce résultat peut encore provenir du mélange de l'eau des deux sources dans les réservoirs. Comme ceux-ci ne sont séparés que par une cloison de maçonnerie de 45 à 50 centimètres d'épaisseur, il y aurait à rechercher si l'eau de l'un des bassins ne se rendrait pas dans l'autre, de manière à ramener la température de l'eau de la petite source à celle de la grande source, ou à peu près. La difficulté de procéder aux examens thermométriques dans le local où sont les deux réservoirs ne nous a pas permis de nous assurer de ce dernier fait, aussi est-ce sous toutes réserves que nous le présentons.

Les sources Boette, comme celles du mont Cornador, sont situées à une très petite distance l'une de l'autre, d'où l'on est en droit de les considérer comme deux griffons juxtaposés, et qui communiquent ensemble à une certaine profondeur du sol. Cependant, et pour chercher à confirmer cette hypothèse, nous avons soumis leurs eaux à l'analyse; voici les résultats comparatifs que nous en avons obtenus :

	Source Boette chaude.	Source Boette tempérée.
Densité	1,0021	1,0021
Oxygène et azote	indéterminé	indéterminé
Acide carbon. libre et combiné.	2,7660	2,9270
— sulfurique	0,0907	0,0924
— chlorhydrique	1,7241	1,7319
— iodhydrique	traces très sens.	traces très sens.
— silicique	0,1128	0,1009
— arsénique	traces	traces
— phosphorique	traces sensibles	traces sensibles
Potasse	0,0244	0,0233
Soude	2,3381	2,3160
Chaux	0,2562	0,2615
Magnésie	0,1465	0,1543
Alumine	0,0230	0,0214
Strontiane	0,0040	0,0051
Oxyde de fer (FeO)	0,0052	0,0058
Matière organique bitumineuse.	traces très appar.	traces très appar.
	7,4910	7,6396
Somme des principes fixes à 180°.	6,1283	6,2445

La composition hypothétique de l'eau de ces sources peut être représentée ainsi :

	Source Boette chaude.	Source Boette tempérée.
	Gram.	Gram.
Acide carbonique libre.	0,8600	1,0599
Oxygène et azote.	indéterminé	indéterminé
Chlorure de sodium.	2,7633	2,7743
Iodure de sodium.	traces très sens.	traces très sens.
Bicarbonate de soude.	1,9511	1,8564
— de potasse	0,0471	0,0450
— de chaux.	0,6590	0,6722
— de magnésie	0,4681	0,4930
— de protoxyde de fer.	0,0115	0,0128
Sulfate de soude.	0,1609	0,1639
Sulfate de strontiane.	0,0070	0,0080
Arséniate de soude.	traces	traces
Phosphate de soude.	traces très appar.	traces très appar.
Alumine	0,0230	0,0214
Acide silicique.	0,1128	0,1009
Matière organique bitumineuse.	traces très sens.	traces très sens.
	7,0642	7,2076

ÉTABLISSEMENT MANDON.

Un peu plus loin que l'établissement Boette, sur la rive droite du Couranзon et sur le bord de la route départementale de Champeix au mont Dore, se trouve à Saint-Nectaire-le-Bas l'établissement Mandon, qui se compose de deux sources principales, l'une *thermale*, marquant 37°,5, l'autre *froide* ou *tempérée*, accusant 24 degrés.

La source thermale a son point d'émergence sous les combles de l'établissement des bains. Elle jaillit dans un bassin carré, d'où elle se rend dans un réservoir, et enfin aux baignoires. Le dégagement du gaz carbonique est, comme dans les sources précédentes, très abondant et tumultueux, et les propriétés physiques de l'eau sont aussi les mêmes. Son débit est évalué à 86 000 litres par vingt-quatre heures.

La source froide, ou mieux tempérée, est située au rez-de-chaussée de l'établissement des bains et sous un vestibule qui fait face à la porte d'entrée de la salle des bains. On l'utilise pour la boisson et pour refroidir l'eau thermale des baignoires. Elle jaillit par intermittence, de l'intérieur d'une vasque en forme de feuille de trèfle, supportée par un massif de maçonnerie. L'intérieur de cette vasque est constamment recouvert d'une couche épaisse d'oxyde de fer, d'incrustations de carbonate de chaux et de matières organiques de nature confervoïde. Voici comment ont lieu ses intermittences.

Derrière l'établissement des bains, sur le flanc de la montagne qui surplombe presque toutes les maisons de Saint-Nectaire-le-Bas, et dans une excavation formée par la disjonction de rochers granitiques, on entend, lorsqu'on prête attentivement l'oreille sur le sol, un bruit souterrain qui a la plus grande analogie avec celui que produit l'eau en ébullition active. Le bruit cesse pour renaître bientôt après. C'est là, on le sait, le phénomène propre à toutes les sources intermittentes.

Maintenant, si l'on étudie la durée des intermittences auprès de la vasque, on remarque que pendant la période de repos il ne se dégage d'abord que des gaz, puis peu à peu l'eau minérale apparaît, et lorsque l'écoulement est arrivé à son maximum d'intensité, l'eau semble comme en ébullition, par suite des gaz qui la refoulent en dehors avec violence. D'après ce que nous avons vu, le phénomène en question n'est jamais régulier, et les intermittences varient de cinq à huit minutes en moyenne.

La source Mandon intermittente est, comme l'indique le tableau suivant, plus riche en principe ferreux que toutes les sources thermales de Saint-Nectaire. Elle se rapproche beaucoup, sous ce rapport, de la source *Rouge* qui se trouve sur le bord de la route entre Saint-Nectaire-le-Haut et Saint-Nectaire-le-Bas.

L'analyse de l'eau des sources Mandon nous a donné :

	Eau : un litre.	
	Source thermale.	Source froide ou intermittente.
Densité.	1,0023	1,0022
Oxygène et azote.	indéterminé	indéterminé
	Gram.	Gram.
Acide carbon. libre et combiné.	3,5430	3,2345
— sulfurique.	0,1004	0,0790
— chlorhydrique.	1,5067	1,5549
— iodhydrique.	traces très sens.	traces très sens.
— silicique.	0,1036	0,0884
— arsénique.	traces	traces
— phosphorique	traces sensibles.	traces sensibles.
Potasse.	0,0211	0,0240
Soude.	2,2270	2,2141
Chaux.	0,2746	0,2662
Magnésie.	0,1506	0,1483
Alumine.	0,0205	0,0196
Strontiane.	0,0004	0,0004
Oxyde de fer	0,0044	0,0102
Matière organique bitumineuse.	traces très appar.	traces très appar.
	8,9523	7,6396
Somme des principes fixes à 180°.	5,6363	5,8044

La composition hypothétique de l'eau de ces deux sources peut être représentée ainsi :

	Source thermale.	Source froide ou intermittente.
	Gram.	Gram.
Acide carbonique libre.	1,5308	1,2946
Oxygène et azote.	indéterminés	indéterminés
Chlorure de sodium.	2,4148	2,4921
Iodure de sodium	traces très sens.	traces très sens.
Bicarbonate de soude.	2,0881	1,9776
— de potasse.	0,0407	0,0471
— de chaux.	0,7060	0,6842
— de magnésie	0,4815	0,4745
— de protoxyde de fer.	0,0097	0,0226
Sulfate de soude.	0,1781	0,1401
— de strontiane.	0,0070	0,0070
Arséniate de soude.	traces	traces
Phosphate de soude.	traces très sens.	traces très sens.
Alumine.	0,0205	0,0196
Acide silicique.	0,1036	0,0884
Matière organique bitumineuse.	traces très appar.	traces très appar.
	7,5808	6,2378

Une particularité assez curieuse à noter ici, c'est que la source Mandon froide intermittente, au moment où le jaillissement est à son maximum, contient moins d'acide carbonique que la source thermale du même établissement, et cependant tous les chimistes savent que la proportion d'acide carbonique est d'autant plus grande que les sources sont plus froides. Si, au contraire, on recueille l'eau minérale au moment où elle jaillit, on observe qu'elle est plus riche en gaz carbonique que celle qui vient après. Il y aurait d'intéressantes recherches à entreprendre sur la composition chimique des sources intermittentes à tous les moments où le phénomène se produit.

De tous les faits qui précèdent, nous concluons que les eaux minérales de Saint-Nectaire appartiennent à la classe des eaux *bicarbonatées mixtes*, et que, contrairement à l'opinion de M. Terreil, elles sont arsenicales, mais à un degré moindre que ne l'avait admis Thenard.

FIN.

www.ingramcontent.com/pod-product-compliance
Ingram Content Group UK Ltd.
Pitfield, Milton Keynes, MK11 3LW, UK
UKHW020445220726
13923UKWH00005B/2337